# LES INVENTEURS

## ET

# LA LOI DES ÉTATS-UNIS

### MODIFIÉE EN 1861

### TEXTE, DOCUMENTS ET COMMENTAIRE

DE LA LÉGISLATION DES

## BREVETS D'INVENTIONS, DESSINS ET MODÈLES DE FABRIQUE

AUX ETATS-UNIS

PAR

## M. ÉMILE BARRAULT

Ingénieur civil diplômé, ancien Élève de l'École centrale,
Solliciteur de Brevets d'inventions,
Membre de la Société des Ingénieurs civils, de la
Société d'encouragement, etc.

## PARIS

### LIBRAIRIE SCIENTIFIQUE, INDUSTRIELLE ET AGRICOLE

## E. LACROIX

RÉUNION DE L'ANCIENNE MAISON MATHIAS ET DU COMPTOIR DES IMPRIMEURS

15, quai Malaquais, 15

### ET CHEZ L'AUTEUR

33, boulevard Saint-Martin, 33

# LES INVENTEURS

## ET

# LA LOI DES ÉTATS-UNIS

# LES INVENTEURS

### ET

# LA LOI DES ÉTATS-UNIS

### MODIFIÉE EN 1861

## TEXTE, DOCUMENTS ET COMMENTAIRE

### DE LA LÉGISLATION DES

## BREVETS D'INVENTIONS, DESSINS ET MODÈLES DE FABRIQUE

### AUX ÉTATS-UNIS

PAR

## M. ÉMILE BARRAULT

Ingénieur civil diplômé, ancien Élève de l'École centrale,
Solliciteur de Brevets d'Inventions,
Membre de la Société des Ingénieurs civils, de la
Société d'encouragement, etc.

*Suum cuique.*

————◆◆◆————

## PARIS

### LIBRAIRIE SCIENTIFIQUE, INDUSTRIELLE ET AGRICOLE

## E. LACROIX

RÉUNION DE L'ANCIENNE MAISON MATHIAS ET DU COMPTOIR DES IMPRIMEURS
15, quai Malaquais, 15

### ET CHEZ L'AUTEUR

33, boulevard Saint-Martin, 33

—

1861

# INTRODUCTION

La législation américaine sur les brevets d'invention et les dessins et marques de fabrique est l'une des plus intéressantes à étudier, car elle est le produit constamment perfectionné d'une expérience heureuse et déjà longue ; cette législation a produit de merveilleux résultats industriels, que tout légiste, jurisconsulte, inventeur, manufacturier et commerçant doivent connaître et peuvent apprécier.

Les inventions patentées en Amérique sont sérieusement respectées, et donnent la plupart du temps de beaux résultats financiers ; les exemples en sont nombreux.

Mais, jusqu'à ce jour, le prix élevé que les Américains exigeaient pour accorder une patente aux étrangers, faisait que les grandes inventions seules étaient l'objet de demandes.

Aujourd'hui que le prix d'une patente est devenu beaucoup plus accessible, il n'est pas d'invention ayant quelque valeur qui ne puisse supporter les frais d'une demande qui, si elle est accordée, donnera à son auteur une rémunération convenable, en même temps qu'une garantie de nouveauté.

Par suite de ces considérations et en vue surtout d'éclairer les discussions qui vont avoir lieu au sujet des modifications à apporter à la loi des brevets d'invention français du 5 juillet 1844, il nous a paru intéressant de publier un travail donnant la traduction complète et le commentaire développé des nombreux documents législatifs qui composent la loi actuelle des États-Unis, récemment et avantageusement modifiée par l'acte du 4 mars 1861.

Il existe déjà divers ouvrages qui ont publié les textes de la loi des États-Unis, mais tous ces ouvrages se sont arrêtés à la publication de la loi additionnelle de 1842.

La promulgation de l'acte du 4 mars 1861, modifiant sensiblement et favorablement les conditions faites aux inventeurs, nous a déterminé à compléter un travail préparé dès longtemps, et à le publier.

On remarquera le soin que nous avons eu de signaler par des renvois les parties de lois abrogées ou modifiées par des actes additionnels ultérieurs, ce système rendra plus faciles les études que l'on voudrait faire sur le texte même.

Nous avons joint également une table indiquant par année, depuis 1836, le nombre des patentes demandées et obtenues.

Enfin l'interprétation de la loi que nous donnons suffira pour élucider toutes les difficultés qui se présentent ordinairement dans la pratique, et si nous avions laissé échapper quelque point important, l'étude des textes permettrait d'y suppléer.

Paris, ce 28 mars 1861.

# COMMENTAIRE PRATIQUE

SUR LES

## BREVETS D'INVENTIONS, DESSINS ET MODÈLES DE FABRIQUE

DE LA

# LOI AMÉRICAINE

Y COMPRIS LES MODIFICATIONS

APPORTÉES PAR L'ACTE ADDITIONNEL DU 4 MARS 1861

----•----

*Historique.* — La constitution des États-Unis de l'Amérique du Nord, du 17 septembre 1787, reconnaît dans son article premier : qu'il est nécessaire d'accorder aux auteurs et aux inventeurs un droit exclusif sur leurs écrits et sur leurs découvertes pendant un temps limité, afin d'exciter les progrès des sciences et des arts utiles.

Tous les actes ultérieurs concernant les brevets ou patentes d'invention, ont été promulgués depuis cette époque sous le titre : d'actes destinés à favoriser les progrès des arts utiles.

Le premier acte législatif qui ait consacré le prin-

1.

cipe posé en 1787 et organisé la propriété indus-
trielle, date du 10 avril 1790, c'est-à-dire de quel-
ques mois avant la première loi française, mais cet
acte fut abrogé le 21 février 1793, par un nouveau
statut qui, avec l'amendement du 17 avril 1800 et
celui de 1832, constitua la législation américaine
jusqu'en 1836.

C'est le 4 juillet 1836 que fut votée par le congrès
la nouvelle loi qui régit aujourd'hui les patentes
d'invention.

La loi de 1836 a été complétée par des lois addi-
tionnelles fort importantes, aux dates des 3 mars
1827, 3 mars 1839, 29 août 1842, 6 août 1846, 27
mai 1848, 3 mars 1849, 3 mars 1851, 30 août 1852,
20 décembre 1852, et enfin le 4 mars 1861.

Nous avons reproduit *in extenso* ces documents
législatifs, pour servir de contrôle officiel au commentaire pratique de la loi que nous avons rédigé
d'après l'ensemble des documents, la doctrine et la
jurisprudence établie.

*Principe de la loi.* — La loi repose sur cette idée
que l'intérêt du pays est d'assurer aux inventeurs,
de quelque pays qu'ils soient, un droit exclusif et
temporaire, afin d'exciter les progrès de l'industrie
et des arts utiles.

La loi précise qu'un examen de l'invention sera
fait tout d'abord, et préalablement à l'accord d'un
privilége, pour vérifier si l'invention est bien réellement nouvelle et brevetable.

*Conditions de brevetabilité.* — Il faut que ce soit
l'inventeur (ou son ayant droit) qui réclame lui-

même la patente, mais sa nationalité est indifférente (à moins qu'il ne s'agisse de dessin ou de modèle de fabrique.)

— L'invention doit être nouvelle en elle-même; c'est-à-dire inconnue ou non employée par d'autres avant l'époque de la découverte, et les produits ne doivent pas avoir encore été livrés au commerce des États-Unis, ou publiquement mis en usage ou en vente aux États-Unis à l'époque où la patente est demandée.

— Il faut que l'invention n'ait pas été mise en usage public et commun aux États-Unis avant la demande de la patente, mais elle peut, du reste, avoir déjà fait l'objet de brevets ou patentes à l'étranger, et peut également avoir été publiée à l'étranger, antérieurement à la demande de patente, et y avoir été l'objet de ventes au commerce et à l'industrie.

— L'invention peut porter :

Sur un nouvel art utile.

Sur une machine nouvelle.

Sur un procédé de fabrication nouveau.

Sur une nouvelle composition de matières.

Sur un utile perfectionnement inconnu ou non employé par d'autres,

Sur un dessin industriel nouveau.

Sur un modèle de fabrique nouveau.

— Les étrangers comme les citoyens des États-Unis peuvent être brevetés pour un nouvel art utile, pour une machine nouvelle, pour un nouveau procédé de fabrication, pour une nouvelle composition de matières, ou pour un utile perfectionnement quel qu'il soit.

— Les citoyens des États-Unis, ou les étrangers résidant depuis un an aux États-Unis et déclarant vouloir devenir citoyens, peuvent seuls être privilégiés pour les inventions de dessins ou modèles de fabrique.

*Garanties.* — L'inventeur devra prêter serment, et signer au besoin sa déclaration, qu'il croit être le premier inventeur de la découverte, machine, composition ou perfectionnement qui fait l'objet de sa demande de patente.

Un examinateur spécial étudie les documents fournis par l'inventeur, avant d'accorder le brevet; s'il croit que l'invention n'est pas nouvelle, il le refuse en motivant son refus et citant les documents antérieurs qui déterminent sa décision.

L'inventeur a le droit, pendant deux ans après le refus, de renouveler sa demande en répondant aux objections qui lui sont faites, et prêtant de nouveau serment d'inventeur.

Si la demande est refusée une seconde fois par l'examinateur, l'inventeur pourra, par écrit, faire appel de la décision à un examinateur de grade supérieur, appelé examinateur en chef.

Enfin l'inventeur peut encore, en cas de refus de l'examinateur en chef, faire appel au commissaire des patentes.

On peut même encore appeler de cette décision :

— Soit au chef-juge de la cour du district des États-Unis, pour le district de Colombie.

— Soit à une chambre de trois examinateurs dés-intéressés dans la question et nommés par le secré-taire de l'intérieur, et dont l'un au moins doit être spécial dans la matière qui fait l'objet de l'invention.

— Soit à l'un des juges assistants de la cour du district de Colombie.

*Caveat.* — Les citoyens des États-Unis, et tout étranger résidant depuis un an, et déclarant par ser-ment son intention de devenir citoyen, pourront seuls obtenir un *caveat,* c'est-à-dire protéger pendant un an leur droit à la patente, jusqu'à maturité de l'invention, par un dépôt qui reste secret et qui doit indiquer le plan, l'objet et les caractères distinctifs de la découverte.

Si, dans l'année, il est fait une demande de patente concernant le même objet, il en est donné avis au porteur du caveat qui pourra, pendant les trois mois à partir de cet avis, demander sa patente, et l'obte-nir, par privilége, s'il y a lieu.

---

## DROITS DES INVENTEURS BREVETÉS

L'étranger breveté ailleurs qu'aux États-Unis, a le droit exclusif de prendre une patente valable dans les États-Unis, tant que l'objet de son inven-tion n'a pas été mis en usage, publié ou mis en vente dans ce pays. (Section 6 de l'acte additionnel du 3 mars 1839.)

Lorsqu'un inventeur réclame un certain perfectionnement qui a déjà été décrit mais non *réclamé* dans une autre patente antérieurement demandée, on donne avis au premier inventeur qui peut réclamer le privilége de ce perfectionnement et modifier, à cet effet, sa spécification.

Lorsque l'inventeur breveté a déposé une spécification insuffisante et défectueuse, qui rend sa patente invalide, il a le droit de réparer son erreur, pourvu qu'il prouve que cette faute provient d'inadvertance, d'accident ou d'erreur involontaire, dans ce cas la patente est renouvelée (reissue), c'est-à-dire qu'elle lui est rendue modifiée.

La fabrication et l'usage d'une invention complétement nouvelle, peuvent avoir lieu pendant deux ans, sans que l'inventeur perde le droit d'obtenir une patente, à moins qu'il ne soit prouvé que l'invention avait été abandonnée au public.

Si la fabrication ou l'usage avaient précédé de plus de deux ans la demande de la patente, celle-ci ne pourrait plus être accordée. (Section 7 de l'acte additionnel du 3 mars 1839.)

Une fois patenté, l'inventeur a le droit exclusif de fabriquer et de vendre l'objet ou le produit de son invention à partir du moment où la patente lui est accordée et pendant toute sa durée.

Le patenté peut céder ses droits en totalité ou en partie, à toutes personnes qu'il voudra.

Il peut attaquer en dommages-intérêts tous ceux qui auront enfreint son privilége.

Il pourra obtenir une prolongation de durée de

sa patente, si cette patente lui a été accordée avant le 4 mars 1861, et s'il prouve que son invention était parfaitement nouvelle au moment où il a obtenu sa patente, et que le bénéfice qu'il a retiré de son exploitation privilégiée n'est pas en rapport avec l'importance du progrès qu'il a apporté à l'industrie et les services qu'il a rendus à la société.

L'inventeur peut introduire aux États-Unis les objets ou produits de son invention sans faire tomber sa patente.

## DEVOIRS DE L'INVENTEUR BREVETÉ.

Il doit mettre son invention en pratique aux États-Unis, avant que dix-huit mois se soient écoulés depuis l'accord de sa patente,

Il doit continuer son exploitation sans l'interrompre, pendant un an.

Il doit fixer sur ses produits brevetés une étiquette indiquant la date de sa patente.

*Additions.* — Il n'est pas possible de faire d'additions aux patentes délivrées depuis le 4 mars 1861, mais ce droit existe pour les patentes délivrées antérieurement.

*Durée de la patente.* — Les patentes prises désormais ont une durée de dix-sept ans, à partir de leur délivrance, si cette patente a été demandée en premier lieu aux États-Unis.

— Dans le cas où, au moment de la demande, il existerait déjà une patente à l'étranger, la durée est limitée à celle du brevet originaire pris à l'étranger.

— Pour les patentes obtenues antérieurement au 4 mars 1861, la durée n'est que de quatorze ans, mais elle peut être prolongée de sept ans sur la demande de l'inventeur, s'il prouve qu'il n'a pas tiré de son invention un bénéfice raisonnable et suffisant.

Pour les dessins et modèles de fabrique, la durée de la patente sera de trois ans et demi, sept ans ou quinze ans, suivant la demande.

*Disclaimer.* — Une patente n'étant valable que si elle porte entièrement sur des parties nouvelles, si l'inventeur reconnaît, après l'obtention de sa patente, que par erreur, inadvertance ou accident, il a revendiqué, dans sa spécification, plus que ce qui lui appartient réellement, il pourra faire un *disclaimer*, c'est-à-dire faire une renonciation de ces parties.

Le disclaimer doit être rédigé par écrit, attesté par un ou plusieurs témoins et enregistré au bureau des patentes, moyennant un droit de dix dollars, pour former partie intégrante de la spécification originale.

*Taxes.* — (Le dollar vaut ordinairement 5 fr. 20. Le cent vaut la centième partie d'un dollar.)

Pour le dépôt d'un caveat, 10 dollars (52 fr.)

Pour le dépôt d'une demande de patente (sauf pour dessins et marques de fabrique), 15 dollars (78 fr.)

Pour l'accord de chaque patente, 20 doll. (104 fr.)

Pour chaque appel, depuis l'appel à l'examinateur en chef, jusqu'à celui que l'on peut adresser au commissaire, en cas de difficulté, 20 dollars (104 fr.)

Pour le renouvellement (reissue) d'une patente qui contenait involontairement et par erreur quelque partie défectueuse ou revendiquée à tort, 30 dollars (156 fr.)

Pour chaque demande d'extension de durée de la patente de 14 ans, 50 dollars (260 fr.) et 50 dollars de plus (260 fr.) si l'extension de la patente est accordée.

Pour les copies certifiées de patentes et autres documents, 10 cents par cent mots. (11 centimes).

Pour l'enregistrement de chaque assignation, traité, convention, pouvoir d'agent, etc. :

Au-dessous de 300 mots, 1 dollar (5 fr. 20.)

Au-dessous de 1000 mots, 2 dol. (10 fr. 40.)

Au-dessus de 1000 mots, 3 dollars (15 fr. 60.)

Pour les copies de dessins, prix variable.

Pour la demande d'une patente pour dessins ou marque de fabrique :

D'une durée de 3 ans et demi, 10 dollars (52 fr.)

D'une durée de 7 ans, 15 dollars (78 fr.)

D'une durée de 15 ans, 30 dollars (156 fr.)

Aucune somme une fois versée, ne sera restituée à l'inventeur en cas de refus.

*Formalités de la demande.* — La demande de patente doit être adressée au commissaire du bureau des brevets (Patent office), à Washington, sous forme de pétition.

La pétition doit être accompagnée :

1° D'une description en langue anglaise, correcte, lisible et claire, indiquant complétement et parfaitement l'objet de l'invention et les moyens de la réaliser.

Il est nécessaire de faire ressortir les parties sur lesquelles repose la revendication du privilége par des revendications distinctes, appelées *claims*.

Il faut en outre que les claims ne comportent que des choses nouvelles, sans y mêler rien qui soit déjà connu, sous peine de s'exposer à des refus et à l'invalidation de la patente.

Le commissaire des patentes peut ordonner l'impression à dix exemplaires des spécifications et des dessins, s'il le juge convenable, l'un des exemplaires devant être sur parchemin.

2° De deux copies des dessins, s'il est nécessaire d'en joindre à la spécification pour bien faire comprendre l'invention, ces dessins doivent être dressés sur des feuilles détachées de papier fort.

3° D'un modèle réduit, d'une dimension de trente centimètres cubes, pour faire comprendre l'invention s'il s'agit d'une machine ; d'un spécimen des échantillons convenables, s'il s'agit de produits (le bureau des brevets peut autoriser l'inventeur à remettre un modèle plus grand, si l'inventeur donne de bonnes raisons pour obtenir cette faveur.)

4° D'un affidavit ou prestation de serment d'inventeur, signé devant le consul américain ou devant un notaire public du pays ou se trouve le pétitionnaire.

5° D'un pouvoir spécial donné devant le consul ou par acte notarié, pour suivre toutes les formalités de demande, d'examen et d'obtention de la patente.

6° D'un titre constatant le versement de la taxe.

La demande d'une patente ne peut porter que sur un seul objet ou une seule machine, et non sur deux ou plusieurs machines distinctes ; cependant et dans certains cas, on peut comprendre dans une même patente les diverses machines employées pour la fabrication d'un même article.

*Transmission ou cession de la patente.* — On peut céder une patente en tout ou en partie, en faisant enregistrer l'acte au bureau des patentes, dans les trois mois de la date de cet acte, moyennant le payement de la taxe d'enregistrement.

*Publicité.* — Les patentes sont à la disposition du public aussitôt qu'elles sont accordées, les claims en sont immédiatement publiés et les modèles ou produits sont de suite exposés dans un musée à ce spécialement destiné.

Chaque année des volumes sont publiés et distribués, qui contiennent, bien classifiées, toutes les inventions de l'année, avec leurs claims et leurs dessins réduits.

*Cas de refus de la patente.* — On refuse la demande

de patente si l'objet n'en était pas nouveau lorsque l'invention a été brevetée pour la première fois.

— Si l'invention a été pratiquée publiquement ou mise en vente aux États-Unis, avant la demande de la patente.

— Si la description est incomplète, incorrecte ou inexacte, ou si elle contient des détails superflus et pouvant causer une erreur dans l'application de l'invention.

— Si toutes les formalités exigées par la loi n'ont pas été rigoureusement observées.

— Si la demande contient plus d'un seul objet principal.

*Cas de déchéance.* — Une patente peut être déchue :

Pour défaut d'exploitation dans les dix-huit mois qui suivent sa délivrance.

— Pour cessation d'exploitation pendant une année.

— Lorsqu'elle contient des parties déjà connues ou exploitées.

— Si la description contient des réticences ou additions destinées évidemment à tromper le public.

— Si l'objet de l'invention a été en usage public ou vendu du consentement du breveté, avant l'obtention de la patente.

— Si la patente a été réclamée subrepticement aux dépens du véritable inventeur.

*Juridiction.* — Les cours compétentes pour juger les différends relatifs aux infractions commises aux droits des inventeurs brevetés sont :

Les cours de circuit des États-Unis.

Les cours de district ayant les pouvoirs et la juridiction d'une cour de circuit.

Il pourra être fait appel de leur décision devant la cour suprême des États-Unis.

*Pénalités.* — Outre les dommages-intérêts et les dépens, on fera payer une amende de cent dollars à tout individu qui vendra un objet patenté avec le nom ou l'imitation du nom du patenté pour cet objet, ou l'indication du mot patente, ou tout signe de même signification et portée ayant pour but de tromper le public sur la provenance de l'objet.

Ceux qui seront reconnus comme contrefacteurs, outre le payement des dépens et d'une somme considérée comme le dédommagement du tort réel causé, pourront être condamnés à payer une somme qui toutefois ne pourra dépasser le triple du montant de la somme accordée comme dédommagement.

*Droits des héritiers.* — Les héritiers peuvent jouir de tous les droits de l'inventeur, en remplissant les formalités nécessaires pour faire reconnaître leurs qualités suivant les conditions exigées par leur nation, faisant enregistrer ces pièces au bureau des patentes, et remplissant les mêmes devoirs et obligations qui incomberaient à l'inventeur lui-même pour jouir des mêmes droits.

———

Les demandes de patentes aux États-Unis sont l'objet de minutieuses formalités, ainsi qu'il est facile de s'en rendre compte, et ces formalités entraînent des frais multiples qui se groupent avec la taxe brute proprement dite qui ne forme ainsi qu'un des éléments du prix de la patente.

Nous avons voulu donner ici cette explication pour que nos lecteurs ne tombent pas dans cette erreur de croire que la demande d'une patente aux États-Unis leur coûtera seulement le prix de la taxe, ce prix varie suivant l'objet de la demande, suivant la longueur de la description et le nombre des dessins, suivant la difficulté de fabrication du modèle, suivant le nombre et l'importance des recherches et des objections faites par l'examinateur.

---

EXTRAIT DU COMPTE RENDU DES OPÉRATIONS DU PATENT OFFICE PENDANT L'ANNÉE 1860.

Patentes demandées....................... 7653.
— accordées, (comprenant les dessins et les perfectionnements additionnels.) 4819.
Caveats demandés....................... 1084.
Demandes de prolongation de patentes.... 74.
Patentes prolongées....................... 23.
Les patentes accordées se partagent ainsi :
Citoyens des États-Unis................... 4781.
Angleterre........................... 21.
France............................. 12.
Autres gouvernements étrangers.......... 5.

---

# TABLE

INDIQUANT LE NOMBRE DES BREVETS DEMANDÉS ET OBTENUS

AUX ÉTATS-UNIS

Depuis 1837 jusqu'au 31 décembre 1860

| ANNÉES | PATENTES DEMANDÉES | CAVEATS DEMANDÉS | PATENTES ACCORDÉES |
|---|---|---|---|
| 1837 | — | — | 435 |
| 1838 | — | — | 520 |
| 1839 | — | — | 425 |
| 1840 | 765 | 228 | 473 |
| 1841 | 847 | 312 | 495 |
| 1842 | 761 | 391 | 517 |
| 1843 | 819 | 315 | 531 |
| 1844 | 1,045 | 380 | 502 |
| 1845 | 1,246 | 452 | 502 |
| 1846 | 1,272 | 448 | 610 |
| 1847 | 1,531 | 533 | 572 |
| 1848 | 1,628 | 607 | 660 |
| 1849 | 1,955 | 595 | 1,070 |
| 1850 | 2,193 | 602 | 995 |
| 1851 | 2,258 | 760 | 860 |
| 1852 | 2,639 | 996 | 1,020 |
| 1853 | 2,673 | 901 | 958 |
| 1854 | 3,324 | 868 | 1,902 |
| 1855 | 4,435 | 906 | 2,024 |
| 1856 | 4,960 | 1,024 | 2,502 |
| 1857 | 4,771 | 1,010 | 2,910 |
| 1858 | 5,364 | 943 | 3,710 |
| 1859 | 6,225 | 1,097 | 4,538 |
| 1860 | 7,653 | 1,084 | 4,819 |

# STATUT

DESTINÉ A FAVORISER LE PROGRÈS DES ARTS UTILES ET RÉVOQUANT TOUS STATUTS OU PARTIES DE STATUT PUBLIÉS ANTÉRIEUREMENT SUR LE MÊME OBJET. — 4 JUILLET 1836.

Le Sénat et la Chambre des Représentans des États-Unis d'Amérique, assemblés en Congrès.

Arrêtent :

SECTION Ire. — Il sera créé et attaché au département de l'Intérieur, sous la dénomination d'*office des patentes*, un bureau dont le chef, nommé par le président, de l'avis et du consentement du Sénat, portera le titre de Commissaire des patentes.

Ce Commissaire, placé sous la direction du secrétaire d'État[1], sera chargé de tout ce qui concerne la demande, l'examen et la délivrance des patentes à accorder pour découvertes et inventions nouvelles et utiles, ou pour perfectionnements, conformément aux règles établies par la présente loi, ou qui seront prescrites à l'avenir; il veillera en outre à la conservation des livres, mémoires, papiers, plans, machines et de tous autres objets dépendants de son administration. Son traitement sera le même que celui qui est assuré par la loi au Commissaire du département de l'Inde[2], avec jouissance du privilége d'adresser et de recevoir, en franchise de port, par le service de la malle, les lettres et paquets relatifs à ses attributions.

SECTION II. — Il sera nommé dans l'administration susdite par le commissaire des patentes et sous l'approbation du secrétaire

1. Il est maintenant placé dans le département de l'intérieur par la Section II de l'acte du 3 mars 1849.

2. 3,000 dollars. Ce traitement a été porté à 4,500 dollars par l'acte du 4 mars 1861.

d'État[1], un employé secondaire, ayant le titre de commis principal, aux appointements annuels de dix-sept cents dollars, lequel, en cas d'absence du commissaire ou de vacature de ce poste, restera dépositaire du sceau, gardien des mémoires, livres, papiers, machines, plans et autres objets dépendants de l'administration, et remplira les fonctions de commissaire pendant la durée de l'*intérim*. Le commissaire pourra également nommer, sous réserve de la même approbation, un commis examinateur, aux appointements annuels de quinze cents dollars; deux autres commis, dont l'un sera dessinateur, aux appointements annuels de douze cents dollars; un autre commis à mille dollars; un mécanicien à douze cent cinquante, et un huissier à sept cents dollars : — Auxquels commissaire, commis et autres employés faisant partie de l'administration, il est interdit d'acquérir, hormis par héritage, et pendant tout le temps qu'ils recevront leurs appointements, une part ou un intérêt quelconque, directement ou indirectement, à un brevet délivré pour une découverte ou une invention, soit antérieurement, soit postérieurement au présent acte.

Section III. — Avant leur entrée en fonctions, le commissaire et les autres employés de l'administration prêteront serment de remplir fidèlement et consciencieusement les devoirs qui leur sont imposés; le commissaire et le commis principal fourniront de plus, entre les mains du trésorier des États-Unis, une caution qui sera, pour le premier, de dix mille dollars, et de cinq mille pour le second, — comme garantie de l'engagement qu'ils prennent de rendre trimestriellement, au trésorier d'État ou à son successeur, un compte exact et fidèle de toutes les sommes qu'ils auront respectivement reçues pour droits de patentes, copies de rapports ou de dessins, ainsi qu'à tout autre titre, en vertu de leur emploi.

Section IV. — Le commissaire des patentes fera frapper un sceau, pour l'usage de son office, avec une devise, préalablement soumise à l'approbation du Président des États-Unis. Les copies de rapports, de livres, de pièces ou de dessins, revêtues de l'empreinte du sceau et de la signature du commissaire, ou, à son défaut, de celle du commis principal, serviront de preuves légales

1. C'est maintenant le secrétaire de l'intérieur.

partout où les rapports, les livres, les pièces ou les dessins originaux pourraient être produits comme tels; et toute personne qui voudra en faire emploi, pourra se faire delivrer, par l'administration, les copies certifiées des rapports, livres, pièces et dessins déposés dans ledit bureau, en payant, pour les copies écrites, une rétribution de dix *cents* par page de cent mots, et, pour les copies de dessins, des frais d'exécution raisonnables.

Section V. — Toute patente, lors de sa remise, sera délivrée au nom des États-Unis, et revêtu du sceau dudit office; elle sera signée par le secrétaire d'État [1] et contresignée par le commissaire de cet office, puis enregistrée dans les livres tenus à cet effet, avec mention des descriptions, spécifications et dessins.

La patente contiendra elle-même une description ou désignation sommaire de l'invention ou de la découverte, indiquant correctement sa nature et son but; il y sera déclaré en termes formels, que le pétitionnaire ou les pétitionnaires, leurs héritiers, administrateurs, exécuteurs ou ayants droit, auront exclusivement, pendant un terme n'excédant pas quatorze années, le droit et la liberté de faire ou employer et de vendre à d'autres pour en faire usage, ladite invention ou découverte, en se référant pour les particularités à la spécification dont copie sera annexée à la patente, désignant ce que le patenté réclame comme son invention ou sa découverte.

Section VI. — Si une ou plusieurs personnes ayant découvert ou inventé un nouvel art utile, une machine nouvelle, un nouveau procédé de fabrication, une nouvelle composition de matières, ou un utile perfectionnement de ce genre, inconnu ou non employé par d'autres avant l'époque de la découverte, et dont les produits n'ont point encore été livrés au commerce, ou publiquement mis en usage ou en vente, du consentement des inventeurs à l'époque où ils ont demandé la patente, — désirent obtenir des lettres patentes pour s'assurer la propriété exclusive de leur découverte ou invention, — la demande devra en être faite par écrit, sous forme de pétition adressée au commissaire des patentes qui, après les formalités voulues, pourra accorder les patentes demandées.

---

1. La Section II de l'acte du 3 mars 1849 le remplace par le secrétaire de l'intérieur.

Mais avant qu'un inventeur puisse recevoir aucune patente pour quelque nouvelle invention ou découverte, il devra en présenter d'abord la description écrite avec indication de la manière de procéder, d'exécuter, de combiner ou d'utiliser sa conception, et ce, en termes tellement précis, clairs et exacts, sans prolixité inutile, que toute personne initiée à l'art ou à la science qui s'y rapporte ou s'en rapproche le plus, soit en mesure, d'après cet aperçu, de faire la même chose.

S'il s'agit d'une machine, l'inventeur en exposera le mécanisme et le principe qui l'a guidé dans ses diverses applications, en faisant ressortir la différence qui existe avec les machines du même genre; il déterminera surtout, d'une manière plus spéciale, le point ou la partie de sa combinaison ou du perfectionnement qu'il considère comme le principal mérite de son invention ou de sa découverte. De plus, en tant que la nature de l'invention le permette, il joindra à sa demande un ou plusieurs dessins, accompagnés de notes explicatives, et s'il s'agit d'une composition de matières, il fera l'envoi, en quantité suffisante pour répéter l'expérience, des éléments ou ingrédients nécessaires à la produire. — La description et les dessins susmentionnés, signés par l'inventeur et attestés par deux témoins, seront déposés à l'office des patentes, et dans tous les cas où il devra être présenté un modèle par l'inventeur, il en présentera un dont les dimensions devront permettre d'en saisir les différentes parties.

Le pétitionnaire affirmera de plus, par serment [1], ou certifiera par une déclaration, qu'il croit être réellement le premier inventeur de la découverte, machine, composition, ou du perfectionnement qui fait l'objet de la demande de patente, et que la chose qui en est l'objet n'a jamais, à sa connaissance, été connue ni employée; il fera également connaître le pays dont il est citoyen. Ce serment ou cette déclaration sera fait devant toute personne que la loi autorise pour le recevoir.

Section VII. — Lorsqu'une demande de patente avec les pièces y annexées sera inscrite, et que la taxe à payer aura été acquittée, le commissaire examinera ou fera examiner l'invention ou la découverte alléguée; et si, après cet examen, il ne lui pa-

---

1. La Section IV de l'acte du 29 août 1842 détermine devant qui ce serment sera prêté.

rait pas que la même chose ait déjà été antérieurement inventée ou découverte par une autre personne dans ce pays, ou ait été patentée antérieurement hors de ce pays, ou décrite dans aucune publication imprimée à l'intérieur ou à l'étranger, ou qu'elle ait été publiquement en usage ou livrée au commerce, du consentement et avec l'autorisation du pétitionnaire, et que le commissaire jugera que la chose est suffisamment utile et importante, il sera tenu de délivrer la patente demandée.

Mais si de cet examen il résulte pour le commissaire la preuve que le premier pétitionnaire n'est pas le premier auteur et inventeur de l'objet, ou qu'une partie de ce qu'il prétend être neuf a déjà été ou découvert, ou patenté, ou décrit dans une publication imprimée de quelque pays que ce soit, comme il est dit plus haut, ou qu'enfin la description qui en est faite, est défectueuse et insuffisante, le commissaire en informera le pétitionnaire en lui donnant brièvement les renseignements ou les explications nécessaires, soit pour renouveler sa demande ou la restreindre à ce que son invention ou découverte a réellement de neuf.

(Ici se trouvait un paragraphe annulé par l'acte du 4 mars 1861.)

Mais si le pétitionnaire persiste au contraire dans sa demande avec ou sans changement à sa spécification, il sera requis de renouveler son serment ou son affirmation de la manière indiquée plus haut ; et dans le cas où la spécification et la demande n'auront pas été modifiées de manière à ce que le requérant, au jugement du commissaire, ait droit à un brevet, il pourra, sur requête et par appel par écrit, faire décider la question par un bureau d'experts composé de trois membres désintéressés dans la question et nommés par le secrétaire d'État ; l'un desquels au moins, en tant que faire se pourra, sera choisi pour ses connaissances et son habileté dans l'art, la manufacture, ou la branche de science à laquelle l'invention dont il s'agit se rapporte. Ces experts prêteront serment ou affirmation de remplir fidèlement et impartialement leur mission[1].

Il sera donné communication par écrit à ces experts de l'avis et décision du commissaire, établissant les motifs spéciaux de son refus, et indiquant les parties de l'invention qu'il ne juge

---

1. Cette disposition a été modifiée d'abord par les Sections X et XII de l'acte du 3 mars 1839, puis par les Sections II et III de l'acte du 4 mars 1861.

pas susceptibles d'être patentées; et les experts feront connaître au requérant ainsi qu'au commissaire le temps et le lieu de leur réunion, afin qu'ils aient l'occasion de leur présenter les faits et les preuves qu'ils croiront nécessaires à une juste décision; le commissaire devra fournir au bureau des experts tous les renseignements qu'il possède sur l'objet soumis à leur examen. Après avoir tout examiné et pris en considération, le Bureau pourra, à la majorité des voix, annuler la décision du commissaire en tout ou partie, et sa sentence ayant été notifiée au commissaire, celui-ci aura à s'y conformer dans tou' ce qu'il fera ultérieurement au sujet de cette demande. Mais avant que pareil bureau puisse être constitué dans aucun cas, le requérant payera au crédit du Trésor, ainsi qu'il a été dit à la XI<sup>e</sup> SECTION de ce statut, la somme de 25 dollars, et chacune des personnes ainsi nommées aura droit à recevoir, pour ses services dans chaque cas, une somme, n'excédant pas 10 dollars, qui sera fixée par le commissaire et payée par lui sur les sommes qui se trouvent entre ses mains.

SECTION VIII. — Toutes les fois qu'il sera demandé une patente qui, au jugement du commissaire, serait contraire à une patente pour laquelle on est en instance, ou qui aurait déjà été accordée et ne serait pas encore expirée, le commissaire sera tenu d'en donner connaissance aux requérants et patentés respectifs selon qu'il y a lieu; et si l'un d'eux n'est pas satisfait de la décision du commissaire sur la question de la priorité du droit ou de l'invention, il pourra appeler de cette décision aux termes et conditions mentionnés dans la section précédente, et l'on suivra les mêmes formes de procédure pour déterminer lequel des réquérants, ou si tous les deux ont droit à la patente demandée. Mais aucune disposition de ce statut ne pourra être invoquée à l'effet de priver un inventeur primitif de son droit à une patente pour son invention, par la raison qu'antérieurement il en aurait pris en pays étranger et qu'elle aurait été publiée dans les six mois [1] précédant le dépôt de sa spécification et de ses dessins. Et toutes les fois que l'impétrant le requerra, la patente prendra date du jour de ce dépôt, pourvu toutefois que ce dépôt n'ait pas eu lieu plus de six mois avant la délivrance effective de la patente, et

---

1. La section VI de l'acte du 3 mars 1839 modifie cette disposition.

en cas de toute pareille demande et du payement des droits prescrits, la spécification et les dessins du requérant seront déposés aux archives secrètes de l'office, en attendant qu'il ait fourni le modèle et que la patente soit délivrée, ce qui ne pourra excéder un an, le requérant ayant droit à être prévenu de toutes demandes qui seraient faites en concurrence avec la sienne.

SECTION IX. — Avant qu'aucune patente soit prise en considération par le commissaire susmentionné, le requérant devra verser au trésor des États-Unis, ou au bureau des patentes, ou dans une caisse quelconque de dépôts [1] au crédit du trésor, la somme de 30 dollars, s'il est citoyen des États-Unis, ou étranger ayant résidé la dernière année dans les États-Unis et ayant affirmé par serment son intention d'en devenir citoyen, — la somme de 500 dollars s'il est sujet du roi de la Grande-Bretagne, — et toute autre personne, 300 dollars [2]. Il sera pris double quittance de ces payements, dont l'une restera déposée au bureau du trésor; toutes les sommes versées au trésor en vertu de cet acte constitueront un fonds sur lequel seront payés les traitements des fonctionnaires et commis désignés ci-dessus, de même que tous autres frais de l'office des patentes, et qui sera nommé *le fonds des patentes*.

SECTION X. — Toutes les fois qu'une personne aura fait une invention, une découverte, ou un perfectionnement, donnant droit à une patente aux termes du présent acte, et qu'elle viendra à mourir avant de l'avoir obtenue, le droit de réclamer cette patente et de l'obtenir sera dévolu à l'exécuteur testamentaire pour être attribué aux héritiers d'après la loi, si la personne est morte *ab intestat*, et sans cela aux légataires, de la même manière, et sous les mêmes conditions, limites et restrictions, que ce droit existait ou a pu exister en faveur de ladite personne en son vivant; et lorsqu'une demande de patente sera faite par ses représentants légaux, le serment ou l'affirmation dont il est question à la VIe section du présent acte, sera modifié de manière a leur être applicable.

SECTION XI. Les droits résultants d'une patente pourront être

1. Voir la Section XV de l'acte du 6 août 1846.

2. La Section de l'acte du 4 mars 1861 supprime toute distinction de taxe entre les étrangers et les citoyens des États-Unis.

cédés et transportés légalement, en tout ou pour une partie indivise, par un acte écrit; ces cessions, ainsi que toute permission ou vente accordant à un tiers, soit en général la faculté de faire usage des droits privatifs conférés par la patente, — soit seulement la faculté d'exploiter l'objet de la patente dans une partie déterminée des Etats-Unis, — seront enregistrés à l'office des patentes dans les trois mois de leur date, moyennant un droit de 3 dollars, payable par le cessionnaire ou ayant cause entre les mains du commissaire [1].

SECTION XII. — Tout citoyen des Etats-Unis (de même que tout étranger qui y aura résidé pendant l'année immédiatement précédente et aura déclaré sous serment son intention d'en devenir citoyen), lorsqu'il aura découvert quelque art nouveau, quelque machine nouvelle, ou quelque perfectionnement et qu'il désirera une prolongation de temps pour les porter à leur maturité, pourra déposer à l'office des patentes un *caveat* indiquant le plan, l'objet et les caractères distinctifs de sa découverte, en demandant protection de son droit jusqu'à ce qu'il ait porté son invention à maturité, et payant de ce chef au profit du trésor (de la manière qu'il est dit à la section IX de cet acte) la somme de vingt dollars, laquelle, si la personne qui a déposé le *caveat* prend ultérieurement une patente pour l'invention y mentionnée, sera considérée comme reçue à valoir sur la somme à payer pour cette patente [2]. Ledit *caveat* sera conservé aux archives confidentielles de l'office et sera tenu secret, et si dans l'année, après le dépôt de ce *caveat*, une autre personne demande une patente pour une invention, avec laquelle le droit du déposant serait en opposition d'une manière quelconque, le commissaire déposera aux archives confidentielles du bureau, la description, les spécifications, les dessins et les modèles reçus, et il en donnera avis par la poste au déposant du *caveat*, lequel, s'il veut profiter de l'avantage de son *caveat*, sera tenu de remettre dans l'espace de trois mois, après la réception de cet avis, sa description, ses spécifications, dessins et modèles, et si, au jugement du commissaire, les deux spécifications empiètent l'une sur l'autre, il

---

1. Voir Section VIII, acte du 3 mars 1839.

2. Cette somme ne peut plus désormais être restituée, par décision de l'acte du 4 mars 1861 (Section IX).

pourra être procédé à tous égards, comme il est prescrit par le présent acte pour le cas de deux demandes pour un objet analogue. Il est bien entendu toutefois qu'aucun avis ni décision d'un bureau d'experts, constitué en vertu de cet acte, ne privera les personnes intéressées au maintien ou à l'annulation d'une patente, du droit de débattre la question devant toute cour de justice et dans tout procès où la chose sera contestée.

Section XIII. — Lorsqu'une patente se trouvera nulle, soit par suite d'une description ou spécification incomplète, soit parce que le réquerant aura exposé dans sa spécification, comme inventé par lui-même, plus qu'il n'avait le droit de réclamer comme neuf, — si l'erreur à été commise par inadvertance, accident ou méprise, sans qu'il y ait eu intention de fraude, le commissaire aura le droit, sur la restitution qui lui sera faite de cette patente et moyennant le payement d'un droit nouveau de 15 dollars, de faire délivrer audit inventeur pour la même invention, et pour le reste de la durée de la première patente, une patente nouvelle où les termes de la description et spécification seront corrigés, et en cas de mort ou de cession faite par le titulaire de la première patente, son droit se transmettra à ses héritiers, cessionnaires ou ayants cause. Une patente ainsi renouvelée, ainsi que la description et les spécifications corrigées, auront le même effet en justice, pour toutes contestations intentées postérieurement et pour des causes subséquentes, que si la description ou spécification avait été primitivement déposée dans sa forme rectifiée, avant la concession de la première patente [1].

(Cette partie de l'article qui concernait les additions est supprimée par l'acte du 4 mars 1861.)

Section. XIV. — Lorsque, sur une action en dommages-intérêts intentée contre ceux qui auraient enfreint le privilége exclusif conféré par une patente, un verdict aura été rendu en faveur du demandeur, la cour pourra accorder une somme en sus du montant porté par le verdict comme dommage réel essuyé par le demandeur, laquelle somme néanmoins ne pourra dépasser le triple de ce montant, suivant les circonstances du cas, avec les frais ; et ces dommages-intérêts pourront être recouvrés par une action portée devant les tribunaux compétents au nom de

---

1. Voir Section V, acte du 3 mars 1837, et Section VIII, même acte.

la partie intéressée, c'est-à-dire du patenté lui-même ou de ses cessionnaires ou ayants cause, dans toute partie des Etats-Unis pour laquelle le droit exclusif a été accordé.

Section XV. — Dans tout procès semblable, le défendeur pourra se refuser à plaider sur les détails, et il pourra citer le présent acte et toute déposition de témoins, dont il aura donné connaissance par écrit au demandeur ou à son avoué trente jours avant le jugement, pour prouver que la description et spécification déposée par le demandeur ne contient pas toute la vérité, ou qu'elle contient plus qu'il ne faut pour produire l'effet décrit qu'il parait clairement que cette réticence ou cette addition aura été pratiquée dans l'intention de tromper le public, ou que le breveté n'était pas le premier inventeur ou auteur de la chose patentée ou d'une partie substantielle et matérielle de la chose réclamée comme étant nouvelle, ou qu'elle avait été décrite dans quelque ouvrage publié antérieurement à la découverte prétendue que le patenté en aurait faite, ou qu'il en avait été fait publiquement usage, ou qu'elle avait été vendue du consentement du breveté avant qu'il en eût demandé la patente, ou que la patente avait été obtenue subrepticement et injustement pour une chose qui, dans le fait, était inventée ou découverte par un autre, qui s'appliquait à la mener à perfection; ou que le breveté, s'il était étranger au pays quand la patente lui fut accordée, avait omis et négligé pendant dix-huit mois de la date de la patente de mettre et de laisser en vente, à des termes raisonnables, l'invention ou la découverte patentée. Et toutes les fois que le défendeur dans sa défense alléguera que la chose patentée a été antérieurement inventée, connue ou employée, il dira dans son exposé des faits, les noms et les lieux de résidence de ceux qui, comme il entend le prouver, ont eu antérieurement connaissance de la chose, et où il en avait été fait usage; dans l'un ou l'autre desquels cas il sera rendu jugement en faveur du défendeur avec frais. Il est entendu néanmoins que lorsque le breveté prouvera à satisfaction, qu'à l'époque où il demandait sa patente, il se croyait premier inventeur ou auteur, sa patente ne sera pas annulée par le fait que l'invention ou la découverte aurait été en tout ou partie connue ou employée à l'étranger, s'il n'est pas prouvé que cette invention ou découverte, ou une partie substantielle de celle-ci eût été patentée ou décrite dans aucune publication imprimée. Il est également entendu qu'alors même que le demandeur n'aurait pu prouver que sa spécification ne contient pas plus que ce dont il était le premier inventeur, s'il paraît que le défendeur ait enfreint ou violé aucune partie de l'invention justement et véritablement spécifiée comme neuve, la Cour pourra allouer telle indemnité qu'elle trouvera juste et équitable[1].

Section XVI. — Toutes les fois qu'il y aura opposition entre deux patentes, ou toutes les fois qu'une demande de patente aura été refusée, de l'avis du bureau des experts[2], comme incompatible avec une patente antérieure qui ne serait pas encore expirée, chaque personne intéressée dans une pareille patente dans le premier cas, ou dans une pareille demande de patente dans le second, peut avoir son recours en justice, et la cour qui aura été saisie de cette question pourra, après avoir entendu les deux parties et s'être conformée à toutes les formes prescrites, décider ou que les patentes sont nulles en tout ou en partie, ou qu'elles ne peuvent avoir d'effet dans la partie des États-Unis dont il est question entre les parties opposées. Elle pourra également porter un arrêt qui autorisera le demandeur d'une patente, aux termes du présent acte, à obtenir cette faveur pour son invention, telle qu'elle est spécifiée dans sa demande, selon que le fait de la priorité du droit ou de l'invention aura été prouvé. Et si cet arrêt est en faveur du demandeur de la patente, le commissaire sera autorisé à accorder cette patente en se faisant remettre une copie de l'arrêt et en se conformant aux autres dispositions de cet acte. Il est néanmoins bien entendu qu'un tel arrêt ne peut affecter les droits d'aucune autre personne que celles qui ont pris part à cette action, ou qui viendraient à succéder à leur titre postérieurement au prononcé dudit arrêt.

Section XVII. — Tout procès et contestations ayant pour cause la concession et la propriété d'un privilége exclusif, à raison d'inventions ou de découvertes, en vertu d'une loi des Etats-Unis, sera, dès le principe, de la compétence des Cours de circuit des Etats-Unis, ou de toute Cour de district ayant les pouvoirs et la juridiction d'une Cour de circuit; lesquelles Cours auront le droit, dans toute pareille question portée devant elles par la partie

1. Voir Section IX, acte du 3 mars 1837.

2. Voir Section XI, acte du 3 mars 1839.

lésée, de statuer suivant les usages et les principes des Cours d'équité, afin d'empêcher la violation des droits de tout inventeur, tels qu'ils sont assurés par les lois des États-Unis, et cela aux termes et conditions que lesdites Cours jugeront convenables. Il est bien entendu néanmoins que de tout jugement ou arrêt rendu par ces Cours on pourra former appel, comme d'erreur ou autrement, suivant l'exigence du cas, devant la Cour suprême des États-Unis, de la même manière et dans les mêmes circonstances que cela est maintenant autorisé par la loi pour d'autres jugements et arrêts des Cours de circuit, et dans tous les autres cas où la Cour jugera convenable de le permettre.

Section XVIII. — Toutes les fois qu'un patenté pour invention ou découverte désirera obtenir une prolongation de sa patente au delà du terme auquel elle est limitée, il en fera la demande par écrit au commissaire du bureau des patentes, en faisant valoir ses motifs, et le commissaire, sur le payement par le pétionnaire de 40 dollars au Trésor, comme dans le cas d'une demande primitive de patente, fera insérer dans un ou plusieurs des principaux journaux de la ville de Washington, ou dans tels autres journaux qu'il jugera convenable, publiés dans la partie du pays la plus intéressée à s'opposer à cette prolongation de patente, un avis de cette demande, et du temps et du lieu où cette question sera agitée, afin que chacun puisse faire valoir ses raisons pour que la prolongation ne soit pas accordée. — Le secrétaire d'État, le commissaire du bureau des patentes et le solliciteur du Trésor formeront un Conseil [1] pour entendre ce qui sera dit, soit pour ou contre la prolongation demandée, et décider d'après ce qu'ils auront entendu; ils siégeront pour cet effet au temps et au lieu qui auront été désignés dans l'avis publié. Le patenté remettra audit conseil un exposé par écrit et sous serment, de la valeur reconnue de son invention, ainsi que de ses recettes et dépenses, le tout suffisamment détaillé pour donner une idée juste de la perte ou du profit qui serait résulté pour lui de ladite invention; si, après avoir entendu ce que l'on aura dit, ayant tous les égards dus à l'intérêt public, le conseil s'est convaincu qu'il est juste et à propos que le terme de la patente soit prolongé, — par ce que le patenté, sans qu'il y ait eu faute ou né-

---

1. Mesure rapportée par la Section 1re de l'acte du 27 mai 1848.

gligence de sa part, n'aurait pas obtenu par l'usage ou la vente de son invention, une rémunération raisonnable, pour le temps, l'intelligence et les frais qu'il y aurait consacrés, — le commissaire sera tenu de renouveler et prolonger la patente, en y ajoutant un certificat de cette prolongation, pour le terme de sept années à partir de l'expiration du terme primitif; et ce certificat, de même que celui du conseil précité concernant son jugement et opinion, comme il est dit ci-dessus, sera enregistré à l'office des patentes; moyennant quoi ladite patente aura le même effet aux yeux de la loi que si elle avait été accordée primitivement pour le terme de 21 ans; et l'avantage résultant de cette prolongation s'étendra à tous cessionnaires ou ayants droit à ladite patente, selon la part d'intérêt qu'ils y auront. Il est bien entendu toutefois qu'aucune prolongation de patente ne sera accordée après que l'expiration de son terme primitif aura eu lieu.

Section XIX. — Il sera acheté à l'usage de l'office des patentes une bibliothèque d'ouvrages scientifiques et de publications périodiques, soit de l'étranger ou de l'Amérique, qui seront propres à faciliter aux principaux employés dudit office l'accomplissement des devoirs que le présent acte leur impose; ledit achat devra être fait conformément aux ordres donnés par le comité de la bibliothèque du congrès. La somme de 15,000 dollars, à prendre sur le fonds des patentes, est affectée à cet objet.

Section XX. — Le commissaire sera tenu de faire classer et arranger dans les salons ou galeries qui pour cet effet seront mis à sa disposition, — dans des armoires convenables, quand la conservation des objets l'exigera, et de manière à les exposer le plus favorablement à la vue, — les modèles et spécimens des compositions, produits, et ouvrages d'art, patentés ou non, qui ont été ou seront par la suite déposés dans ledit office. Et seront lesdits salons ou galeries tenus ouverts à des heures convenables, pour l'inspection du public.

Section XXI. — Tous actes ou parties d'actes antérieurement promulgués sur cette matière, sont révoqués par le présent. Il est néanmoins entendu que toutes poursuites en justice commencées avant l'adoption de la présente loi, seront continuées jusqu'au jugement final et à l'exécution de même que si le présent acte n'existait pas, sauf l'application des dispositions des Sections XIV et XV de cet acte, en tant qu'il y aura lieu. Il est également entendu que toutes pétitions pour patente qui sont pendantes au moment de l'adoption du présent acte, dans les cas où le droit aura été payé, seront traitées comme si elles avaient été déposées après l'adoption de cette loi.

(Signé) James Polk,

Président de la Chambre des Représentants :

W. R. King.

Président par intérim du Sénat :

Andrew Jackson.

Approuvé le 4 juillet 1836.

---

## ACTE ADDITIONNEL A CELUI POUR ENCOURAGER LE PROGRÈS DE LA SCIENCE ET DES ARTS UTILES. — 3 MARS 1837.

Les Sections I<sup>re</sup>, II, III, IV et V de cet acte concernent des dispositions transitoires pour sauvegarder la propriété des inventeurs dont les patentes ont été brûlées dans l'incendie du 15 décembre 1837.

SECTION VI. — Toute patente à délivrer par la suite, pourra être faite et délivrée aux cessionnaires de l'inventeur, la cession ayant été préalablement enregistrée, et la demande en ayant été faite et la spécification dûment jurée par l'inventeur. Et, dans tous les cas à venir, le demandeur d'une patente sera tenu de fournir des dessins en double (lorsque l'objet sera de nature à être représenté par un dessin), l'un de ces dessins restant déposé au bureau et l'autre étant annexé à la patente et étant censé faire partie de la spécification.

SECTION VII. — Toutes les fois qu'un patenté aura, soit par inadvertance, accident ou erreur, fait la spécification de son privilége trop large, prétendant à plus qu'il n'a réellement inventé ou découvert le premier, mais une partie matérielle et substantielle de l'objet patenté étant réellement et à juste titre sa propriété, ce patenté, ou ses ayants droit ou cessionnaires, soit pour le tout ou seulement une partie de la patente, peuvent déclarer un *disclaimer* pour telles parties de la chose patentée auxquelles le *disclaimant* renonce comme ne lui appartenant pas par droit de patente ou de cession, et il déclarera en même temps la part d'intérêt qu'il tient dans cette patente. Ce *disclaimer* se fera par écrit, attesté par un ou plusieurs témoins, et sera enregistré à l'office des patentes; la personne *disclaimante* payant la somme de dix dollars, de la même manière que les autres droits de patente sont payables d'après la loi : ledit *disclaimer* sera ensuite pris et considéré comme faisant partie de la spécification primitive, jusqu'à concurrence de l'intérêt que la partie *disclaimante* ou ses ayants droit posséderont dans le *disclaimer* postérieurement à l'enregistrement de celle-ci.

Section VIII. — Lorsqu'une demande sera faite au commissaire pour quelque addition d'un perfectionnement nouvellement découvert à une patente qui existe, ou lorsqu'une patente sera renvoyée pour correction et pour en obtenir une nouvelle, la spécification du privilége réclamé pour toute patente semblable, sera sujette à révision et à restriction de la même manière que le sont les demandes primitives de patentes. Le commissaire n'ajoutera pas le perfectionnement à la patente dans l'un des deux cas, ni ne délivrera de patente nouvelle dans l'autre, avant que le pétitionnaire ait rédigé son *disclaimer*, ou ait changé sa spécification du privilége réclamé conformément à la décision du commissaire; et dans tous cas pareils si le pétitionnaire n'est pas satisfait de cette décision, il aura le même recours et jouira des mêmes droits et priviléges que la loi accorde pour le cas de demandes primitives de patente.

Section IX. — Nonobstant ce qui est statué par la Section XV de l'acte dont le présent forme une addition, toutes les fois que par méprise, accident ou inadvertance, et sans manquement volontaire, ni intention de dol ou de fraude envers le public, un patenté aura établi dans sa spécification qu'il est le premier inventeur ou auteur d'une partie matérielle et substantielle de l'objet patenté, sans qu'il le soit en réalité et sans qu'il puisse en réclamer les droits, dans tout cas pareil la patente n'en sera pas moins réputée bonne et valable pour telle partie de l'invention qui lui appartiendra réellement et de bonne foi, pourvu toutefois

que ce soit une partie matérielle et substantielle de la chose patentée et qu'on puisse la définir distinctement d'avec les autres
parties auxquelles il aurait indûment prétendu avoir des droits
semblables comme il est dit ci-dessus. Et tout patenté dans ce
cas, de même que ses ayants droit, soit en tout ou partie, pourront faire valoir en justice leurs droits à cette patente contre
toute infraction sur telle partie de l'invention ou découverte qui
leur appartiendra *bona fide*, nonobstant que la spécification ait em-
brassé au delà de ce qu'ils avaient légalement droit à prétendre.
Mais dans tout cas semblable où un jugement ou un verdict
aura été rendu en faveur du plaignant, il ne pourra lui être
alloué de frais contre le défendeur, à moins qu'il n'ait, antérieurement au commencement du proc's, déposé son *disclaimer*,
au bureau des patentes, pour toute la partie de la chose patentée
à laquelle il n'avait pas droit. Il est bien entendu toutefois que
personne, intentant un pareil procès, ne jouira des avantages
stipulés dans cette Section, s'il a déraisonnablement négligé ou
différé de déposer à l'office des patentes un *disclaimer* tel qu'il est
susmentionné.

Section X. — Abrogée le 4 mars 1861.

Section XI. — Au lieu d'un commis *examinateur*, comme il est
dit Section II de l'acte auquel celui-ci forme une addition, il en
sera nommé deux, de la manière y mentionnée, dont chacun recevra un traitement annuel de 1500 dollars ; il y aura aussi un
commis copiste additionnel, au traitement annuel de 800 dollars.
De plus, le commissaire est autorisé à employer de temps à
autre autant de commis temporaires qu'il en faudra pour repro-
duire toutes les copies et dessins exigées par la Section I^re du
présent acte et pour examiner et comparer les copies avec les
originaux, lesquels ne recevront pas au delà de sept *cents* [1] pour
chaque page de cent mots ; — et pour les dessins et la compa-
raison des copies avec les originaux, il leur sera accordé telle
rétribution raisonnable dont on sera convenu ou que le commissaire ordonnera [2].

Section XII. — Toutes les fois que la demande d'une patente
par un étranger sera rejetée et retirée pour défaut de nouveauté

1. Voir Section II, acte du 3 mars 1839,
2. Voir Section X , acte du 4 mars 1861.

dans l'invention, conformément à la Section VII de l'acte auquel celui-ci forme une addition, le certificat qui en sera donné par le commissaire établira une garantie suffisante au trésorier pour restituer au pétitionnaire les deux tiers de la somme qu'il aura payée au Trésor à raison de sa demande [1].

SECTION XIII. — Dans tous les cas où le serment est exigible aux termes de cet acte, ou de l'acte auquel celui-ci forme une addition, si la personne à qui on le demande a des scrupules religieux contre la prestation du serment, on pourra y substituer l'affirmation.

SECTION XIV. — Toutes sommes payées au Trésor des États-Unis pour patentes ou à titre d'honoraires pour les copies fournies par le surintendant de l'office des patentes avant l'adoption de l'acte auquel celui-ci forme une addition, seront portées au crédit du fonds des patentes, créé par ladite loi, et les sommes constituant ledit fonds seront affectées, comme elles le sont par la présente, au payement des traitements des fonctionnaires et employés établis par ladite loi, et de toutes autres dépenses de l'office des patentes, y compris celles qui sont autorisées par le présent acte, et également celles qui seront déterminées ultérieurement par la loi. Le commissaire est autorisé par la présente à disposer, de temps à autre, sur lesdits fonds pour les sommes nécessaires à la mise en exécution de cet acte, en se restreignant toutefois dans les limites qu'il prescrit, et il sera tenu de remettre chaque année, au mois de janvier, un état détaillé des dépenses et payements par lui faits dudit fonds. Il soumettra également au Congrès tous les ans, au mois de janvier, une liste de toutes les patentes qui auront été délivrées durant l'année précédente, établissant par classes les objets de ces patentes et donnant une liste par ordre alphabétique des patentés, avec indication de leurs domiciles; il fournira en outre une liste de toutes les patentes qui seront tombées dans le domaine public pendant la même période; enfin il donnera toutes les informations sur l'état et la condition de l'office des patentes qui pourront intéresser Congrès et le public.

Approuvé le 3 mars 1837.

---

1. Voir section IX, acte du 4 mars 1861.

## ACTE ADDITIONNEL A CELUI POUR ENCOURAGER LE PROGRÈS DES ARTS UTILES. — 3 MARS 1859.

SECTION I<sup>re</sup>. — Il sera nommé, de la manière qu'il est dit à la Section II de l'acte auquel le présent sert d'addition, deux examinateurs adjoints, dont chacun recevra un traitement annuel de 1,250 dollars.

SECTION II. — Le commissaire est autorisé à employer des commis temporaires pour faire les transcriptions voulues toutes les fois que le courant des affaires du bureau l'exigera : pourvu néanmoins qu'au lieu d'un traitement, il leur soit alloué une indemnité qui ne dépasse pas le taux auquel on paye les copies maintenant fournies par le bureau.

SECTION III. — Le commissaire est autorisé, par le présent, à publier une liste par classes et par ordre alphabétique, de toutes les patentes délivrées par le bureau des patentes avant ladite publication, et d'en garder cent exemplaires pour le bureau des patentes ; neuf cents exemplaires seront déposés à la bibliothèque du Congrès pour telles distributions qu'il sera ultérieurement ordonné, et mille dollars, si c'est nécessaire, à prendre sur le fonds des patentes, seront affectés à défrayer cette dépense.

SECTION IV. — La somme de 3659 dollars et 22 cents sera prise sur le fonds des patentes pour payer l'usage des salles que le bureau des patentes occupe dans le City-Hall.

SECTION V. — La somme de mille dollars sera prise sur le fonds des patentes pour être dépensée sous la direction du commissaire à l'achat des livres nécessaires pour la bibliothèque de l'office des patentes.

SECTION VI. — Personne ne sera empêché d'obtenir une patente, pour toute invention ou découverte, comme il est dit dans l'acte approuvé le 4 juillet 1836, auquel le présent forme une addition, à raison de ce qu'il aurait été patenté dans un pays étranger plus de six mois avant sa demande, pourvu que l'invention ou la découverte n'ait pas été mise en usage public et commun avant sa demande pour une patente, et pourvu également que dans tous les cas pareille patente soit limitée au terme de 14 années à partir de la date de la patente étrangère.

Section VII. — Toute personne ou corporation qui aura acheté ou confectionné, soit une machine, un produit ou un composé de matières, de nouvelle invention, avant que l'inventeur ou l'auteur en ait demandé une patente, sera considérée comme ayant le droit de se servir et de vendre à d'autres le droit de se servir desdites machines, produits, ou dudit composé de matières, ainsi faits ou achetés, sans être tenu de rien envers l'inventeur ni envers aucune autre personne intéressée à cette invention; mais la patente ne sera pas considérée comme nulle à raison d'un tel achat, vente ou usage fait antérieurement à la demande de patente, à moins qu'il ne soit prouvé que cette invention ait été abandonnée au public, ou que l'achat, la vente et l'usage qu'on en a fait, ont précédé de plus de deux ans ladite demande de patente.

Section VIII. — Les dispositions de la Section XI de l'acte précité, en tant qu'elles prescrivent le payement de trois dollars au commissaire des patentes pour l'enregistrement de toute cession ou transfert, en tout ou partie, des droits résultants d'une patente, sont révoquées, et tout acte de pareille cession ou transfert sera désormais enregistré en exemption de tous frais [1].

Section IX. — Une somme d'argent, n'excédant pas mille dollars, sera prise sur le fonds des patentes et mise à la disposition du commissaire des patentes pour être par lui employée à une collection de statistique agricole et autres objets concernant l'agriculture, dont ledit commissaire rendra compte dans son prochain rapport annuel.

Section X. — Les dispositions de la Section XVI de l'acte déjà cité s'étendront à tous les cas où les patentes sont refusées pour une raison quelconque, soit par le commissaire des patentes ou par le chef-juge du district de Columbia sur appels de la décision dudit commissaire, de même que lorsqu'elles seront refusées par le motif qu'elles porteraient atteinte à une patente préexistante; et lorsqu'il n'y aura pas de partie opposante, une copie du *bill* sera signifiée au commissaire des patentes, et toutes les dépenses de la procédure seront supportées par le pétitionnaire, soit que la décision soit en sa faveur ou autrement.

Section XI. — Dans les cas où la loi permet actuellement d'ap-

1. Voir l'acte du 4 mars 1861, Section X.

peler de la décision du commissaire des patentes, à une chambre d'examinateurs aux termes de la Section VII de l'acte auquel le présent forme une addition, la partie pourra, au lieu de cela, recourir en appel devant le chef-juge[1] de la Cour de district des États-Unis, pour le district de Columbia, en en donnant avis au commissaire, et en déposant à l'office des patentes, dans le temps à assigner par le commissaire, ses motifs d'appel détaillés par écrit, et payant en outre à l'office des patentes et au crédit du fonds des patentes la somme de 25 dollars. Et ledit chef-juge sera tenu, sur une pétition, d'entendre et de juger tous pareils appels et de reviser ces décisions par voie sommaire, sur les preuves produites devant les commissaires, en fixant pour cela le jour le plus proche et le plus convenable, et en prévenant d'abord le commissaire du temps et du lieu de l'audience, lequel sera tenu d'en donner avis à toutes les personnes qui y paraissent intéressées, et de la manière que ledit juge l'ordonnera. Le commissaire mettra aussi devant ledit juge tous les papiers originaux et les pièces à l'appui, il y joindra les motifs de sa décision, clairement exposés par écrit, touchant les points attaqués par l'appel et auxquels la révision devra se borner. A la requête de toute partie intéressée, ou au désir du juge, le commissaire et les examinateurs de l'office des patentes pourront être interrogés sous serment sur l'explication des principes de la machine ou de tel autre objet pour lequel, dans l'espèce, la patente est demandée. Ledit juge sera tenu, après avoir entendu toute cause pareille, de retourner tous les papiers au commissaire avec un certificat de sa procédure et de sa décision, lequel sera enregistré à l'office des patentes; et pareille décision ainsi certifiée réglera la marche du commissaire pour l'avenir dans les cas analogues; bien entendu toutefois qu'aucune opinion ni décision du juge en pareil cas ne pourra empêcher aucune personne intéressée pour ou contre la validité d'une patente qui aurait été ou qui sera accordée, d'user du droit de contester ladite opinion ou décision devant toute Cour où la validité de cette patente serait mise en question.

Section XII. — Le commissaire des patentes aura le pouvoir de faire tels règlements, pour l'admission des preuves concernant

---

1. Voir l'acte du 30 août 1852.

les cas coustestés par-devant lui, qui lui paraîtront justes et raisonnables. Et ce qui est statué contrairement à ceci dans l'acte
auquel le présent forme une addition, en ce qui concerne le bureau des experts, est révoqué.

SECTION XIII. — Abrogée le 30 août 1852.

Approuvé le 3 mars 1839.

---

ACTE ADDITIONNEL A UN AUTRE ACTE POUR ENCOURAGER LE PROGRÈS
DES ARTS UTILES, ET POUR RÉVOQUER TOUS ACTES OU PARTIES D'AC-
TES ANTÉRIEUREMENT FAITS DANS LE MÊME BUT. — 29 AOUT 1842.

SECTION Iʳᵉ. — Le trésorier des Etats-Unis est autorisé à rem-
bourser en dehors du fonds des patentes, toute somme d'argent à
toute personne qui par erreur l'aurait payée au Trésor, soit à un
receveur ou dépositaire pour le crédit du Trésor, comme honoraires revenant à l'office des patentes et dont le payement n'est
pas exigé par les lois existantes. Ce remboursement aura lieu
sur un certificat du commissaire des patentes présenté au trésorier.

SECTION II. — Mesure transitoire sans intérêt à ce jour.

SECTION III. — Cette Section est supprimée et remplacée par la Section XI de l'acte du 4 mars 1861.

SECTION IV. — La prestation du serment exigé de ceux qui
demandent des patentes, pourra, lorsque le pétitionnaire n'est pas,
pour le temps, résidant aux Etats-Unis, se faire devant tout mi-
nistre plénipotentiaire, chargé d'affaires, consul ou agent com-
mercial tenant sa commission du gouvernement des Etats-Unis,
ou devant un notaire public du pays étranger où le pétitionnaire
pourra se trouver.

SECTION V. — Si quelqu'un peint, imprime, moule, grave,
marque ou trace sur un objet quelconque fait, employé, ou vendu
par lui, et qu'il n'ait pas le droit exclusif de faire ou de vendre
le nom ou toute imitation du nom d'une autre personne patentée
pour faire et vendre cet objet sans le consentement de cette personne ou de ses ayants droit ; ou si quelqu'un écrit, peint, im-

prime, marque, etc., sur un tel objet, non acheté au patenté ni à quelqu'un qui tienne du patenté le droit de le vendre, les mots *patente, lettre patente, patenté*, ou tout mot de même nature, signification et portée, dans la vue ou l'intention d'imiter ou de contrefaire l'estampille, la marque ou l'étiquette du patenté; ou si quelqu'un met les mêmes mots, ou tout mot, estampille ou étiquette de la même portée sur un article non patenté, dans le but de tromper le public; il payera pour toute pareille offense, une amende d'au moins cent dollars, avec les frais, le tout exigible devant chacune des Cours de circuit dans les Etats-Unis, ou devant chacune des Cours de district de ce pays, investies des pouvoirs et de la juridiction d'une Cour de circuit; moitié de cette amende, après recouvrement, sera payée au fonds des patentes et l'autre moitié à celui ou à ceux qui auront fait la poursuite.

SECTION VI. — Abrogée par la Section XIII de l'acte du 4 mars 1861.

Approuvé le 29 août 1842.

***

## SECTION 15 DE L'ACTE INTITULÉ : ACTE POUR POURVOIR A LA MEILLEURE ORGANISATION DU TRÉSOR ET A LA PERCEPTION, LE CONTRÔLE, LE TRANSPORT ET LE DÉBOURSEMENT DU REVENU PUBLIC.

### Acte approuvé en date du 6 août 1846..

Il est ordonné que les agents, attorneys de district et tous autres ayant des fonds à payer au gouvernement des États-Unis, et aussi tous patentés désirant faire le payement des patentes qui doivent leur être accordées, payeront soit au trésorier des États-Unis, soit au trésorier des Hôtels de monnaie dans Philadelphie ou la Nouvelle-Orléans, soit à tout autre trésorier, on à tel autre fonctionnaire constitué en vertu du présent acte, comme il sera indiqué par le secrétaire de la trésorerie pour les autres parties des Etats-Unis, afin que ces fonctionnaires reçoivent ces payements et en donnent des reçus ou certificats de dépôt.

***

## ACTE POUR ACCORDER DES EXAMINATEURS SUPPLÉMENTAIRES AU BUREAU DES BREVETS ET POUR D'AUTRES OBJETS.

### Approuvé le 27 mai 1848.

Il est décrété par le Sénat et la Chambre des représentants des États-Unis d'Amérique assemblés en congrès, qu'il sera nommé (de la manière prescrite à la 2me section de l'acte approuvé le 4 juillet 1836) deux examinateurs principaux et deux aide examinateurs, en plus du nombre des examinateurs actuellement employés au bureau des brevets, chaque principal examinateur recevra un traitement annuel de deux mille cinq cents dollars et chacun des aide examinateurs, un traitement annuel de quinze cents dollars.

Le pouvoir de prolonger les patentes, qui est actuellement accordé au conseil composé du secrétaire d'Etat, du commissaire des patentes et de l'avocat du trésor par la 18me section de l'acte du 4 juillet 1836 concernant le bureau des brevets, sera désormais exercé par le commissaire des patentes seul, et lorsqu'une demande de prolongation de patente lui sera faite, conformément à la section 18me, et après soixante jours d'avis donné il en sera référé au principal examinateur chargé de la classe d'invention que concernera l'objet de la demande.

Il sera fait un rapport complet au commissaire sur ladite demande et particulièrement pour indiquer si l'invention ou le perfectionnement protégé par la patente était nouveau ou brevetable quand il a été patenté; sur ce rapport le commissaire accordera ou refusera la prolongation de la patente d'après les mêmes principes et les mêmes règles qui dirigeaient le conseil, mais aucune patente ne pourra être prolongée pour une durée plus longue que sept années.

SECTION II. Le commissaire des patentes exigera une somme de un dollar pour enregistrer les assignations, aveux ou avis de toute partie au sujet des lettres patentes, comme aussi le pouvoir de l'avocat ou la licence de faire ou d'employer les choses brevetées, quand ces documents n'excéderont pas 300 mots;

La somme sera de deux dollars quand le nombre de mots excédera trois cents sans dépasser mille; elle sera enfin de 3 dollars si le nombre de mots excède mille ; toutes ces sommes devront être payées à l'avance [1].

Section III. Il y aura deux employés pour copier, enregistrer et faire les autres travaux du bureau des brevets, ils seront payés douze cents dollars par an.

Section IV. Le commissaire des patentes est autorisé à envoyer par la poste, libres de tous frais, les rapports annuels du bureau des brevets de la même manière qu'il en a déjà le pouvoir pour les lettres et paquets concernant le service du bureau des brevets.

———

La *section* II de l'acte du 3 mars 1849 est la seule qui concerne le bureau des brevets ; elle a pour objet de substituer au secrétaire d'Etat le secrétaire de l'intérieur pour accomplir tous les actes de contrôle de surveillance et d'appel se rapportant à l'action du commissaire des brevets.

———

La *section* II de l'acte du 3 mars 1851 est la seule qui concerne le bureau des brevets ; son objet est de décréter qu'il y aura désormais deux examinateurs en plus de ceux actuellement employés et jouissant des mêmes traitements annuels.

———

## ACTE ADDITIONNEL À L'ACTE POUR EXCITER LE PROGRÈS DES ARTS UTILES DE 1836.

### Approuvé le 30 août 1852.

Section Ire. Les appels prévus dans la 11me section de l'acte additionnel du 3 mars 1839 peuvent aussi être faits à l'un des juges assistants de la cour du district de Colombie, et tous les pouvoirs, fonctions et responsabilités imposés par ledit acte et conféré au juge en chef, sont par le présent imposés et conférés également à chacun des juges assistants.

1. Voir section IX, acte du 4 mars 1861.

Section II. Dans le cas où appel sera fait au chef-juge ou aux juges assistants, le commissaire des patentes devra leur payer la somme de trente-cinq dollars qui doit être remise au bureau des brevets par l'appelant en vertu de la 11me section dudit acte pour l'appel.

Section III. La section 15 de l'acte approuvé le 3 mars 1839 est abrogée.

---

L'acte du 20 décembre 1852 ne concerne que des règlements de dépenses pour l'année 1852-1853 et ne présente aucun intérêt au point de vue de la loi ou de son exécution.

---

## ACTE ADDITIONNEL POUR EXCITER LE PROGRÈS DES ARTS UTILES.

### Le 4 mars 1861.

Section Iʳᵉ. Il est ordonné par le Sénat et les Chambres des représentants des États-Unis d'Amérique, assemblés en congrès, que le commissaire des patentes peut établir des règles pour recevoir les affidavit et les dépositions nécessaires pour toutes les affaires présentées au bureau des patentes.

Les affidavits et les dépositions peuvent être faits devant tout juge de paix ou devant tout autre officier autorisé par la loi à recevoir les dépositions en usage devant les cours judiciaires des États-Unis ou celles qui sont faites pour les Cours d'État de tout État où résidera cet agent officiel.

Dans tout cas de contestation pendante devant l'office des patentes, il sera légal pour le clerc de toute cour des États-Unis (pour chaque district ou territoire), et il est exigé par les présentes que, sur la demande de toute partie à la contestation, ou bien de l'agent ou attorney de cette partie, il sera adressé une citation à tous témoins résidant ou se trouvant dans ledit district ou territoire, ordonnant à ces témoins de comparaître et de témoigner devant tout juge de paix ou autre officier, comme il a été dit ci-dessus, résidant dans ledit district ou territoire, à tel temps et lieu qui seront indiqués dans la citation.

Si quelque témoin, après avoir dûment reçu une citation, se refuse à, ou néglige de comparaître, ou bien qu'après être comparu, il refuse de témoigner (sans être exonéré de fournir son témoignage), après constatation du refus ou du défaut par l'un des juges de la cour sous la juridiction de laquelle le clerc aura lancé son assignation, ledit juge pourra forcer le témoin à l'obéissance ou bien le punir de sa désobéissance de la même manière que toute cour des Etats-Unis peut le faire dans le cas de désobéissance à une citation et assignation lancée par ladite cour.

Les témoins recevront la même indemnité qui est accordée aux témoins assignés devant les cours des Etats-Unis; pourvu qu'aucun témoin ne soit obligé de se rendre à tout endroit plus éloigné que quarante milles du lieu où la citation lui a été remise; pourvu également qu'aucun témoin ne soit jugé coupable de défaut pour avoir refusé de dévoiler une invention secrète faite par lui ou devenue sa propriété; et pourvu enfin que le témoin ne soit pas jugé coupable de défaut pour désobéissance à toute citation à lui envoyée, en vertu du présent acte, si la somme nécessaire pour aller, retourner et séjourner un jour au lieu de l'examen ne lui a pas été payée ou offerte en même temps que la citation lui a été remise.

Section II. Dans le but d'assurer une plus grande uniformité d'action dans l'accord et le refus des patentes, il sera nommé par le président, par et avec l'avis et le consentement du Sénat, trois examinateurs en chef, ayant un traitement annuel de trois mille dollars chacun; ces examinateurs en chef devront être des personnes compétentes au point de vue légal et d'un grand savoir scientifique: leur devoir sera, sur la pétition écrite du demandeur, de reviser et de déterminer la validité des décisions des examinateurs quand ils s'opposeront à l'accord de la patente, et aussi de reviser et déterminer de la même manière la validité des décisions des examinateurs dans les cas de discussion et quand cela leur sera demandé par le commissaire des patentes pour les demandes d'extension des patentes, et aussi pour remplir tels autres devoirs que le commissaire des patentes pourra exiger.

Il pourra être formé appel de leur décision au commissaire des patentes en personne, après payement de la taxe ci-après indiquée.

Les examinateurs en chef seront dirigés dans leur action par les règles prescrites par le commissaire des patentes.

SECTION III. Aucun appel aux examinateurs en chef ne sera autorisé contre les décisions des premiers examinateurs (sauf dans les cas de difficulté), jusqu'à ce que la demande ait été rejetée deux fois.

Le second examen de la demande par les premiers examinateurs ne pourra avoir lieu qu'après que le demandeur, en vue des objections déjà faites au premier rejet, aura renouvelé le serment qu'il est inventeur, ainsi que cela est indiqué dans la 7ᵐᵉ section de l'acte approuvé le 4 juillet 1836 et intitulé : Acte pour exciter le progrès de l'industrie et pour révoquer tous les actes et parties d'actes auparavant promulgués pour cet objet.

SECTION IV. Le traitement du commissaire des patentes, depuis et après la promulgation du présent, sera de quatre mille cinq cents dollars par année, et celui du chef du bureau des patentes de deux mille cinq cents dollars, le salaire du bibliothécaire du bureau des patentes sera de dix-huit cents dollars.

SECTION V. Le commissaire des patentes est autorisé à restituer aux demandeurs respectifs (ou quand cela ne lui sera pas réclamé, à en disposer autrement) les modèles concernant les demandes rejetées, quand il ne croira pas nécessaire de les conserver.

La même autorité est aussi donnée à l'égard de tous modèles accompagnant les demandes pour dessins.

Le commissaire des patentes est de plus autorisé à dispenser à l'avenir de modèles quand l'objet pourra être suffisamment représenté par un dessin.

SECTION VI. La dixième section de l'acte approuvé le 3 mars 1837 autorisant l'appointement d'agents pour le transport des modèles et spécimens du Patent-Office est abrogée.

SECTION VII. Le commissaire est autorisé de temps en temps à nommer de la manière déjà prévue par la loi un nombre additionnel d'examinateurs principaux, de premiers examinateurs-assistants et de seconds examinateurs-assistants suivant qu'il sera nécessaire pour activer le courant du travail du bureau, pourvu que le nombre total des examinateurs additionnels n'excède pas quatre pour chaque classe et que le total des dépenses annuelles du bureau des patentes n'excède pas la recette annuelle.

Section VIII. Le commissaire des patentes pourra exiger que tous les documents fournis au bureau des patentes, s'ils ne sont pas correctement, lisiblement et clairement écrits, soient imprimés à la charge des parties qui ont fourni ces documents ; et au cas d'erreurs grossières, il pourra refuser de reconnaître toute personne comme agent de patentes, soit généralement, soit pour un cas particulier. Toutefois les raisons du commissaire pour un tel refus devront être dûment expliquées et soumises à l'approbation du président des Etats-Unis.

Section IX. Aucun argent payé comme taxe pour une demande de patente après l'adoption du présent acte ne pourra être restitué ou rendu, et la somme exigée pour un caveat ne pourra plus être considérée comme partie de la somme exigée pour la demande subséquente d'une patente pour la même invention.

Les trois mois d'avis donnés à tout porteur de caveat, en conformité des règlements de la douzième section de l'acte du 4 juillet 1836, seront comptés du jour auquel l'avis aura été déposé à l'office postal de Washington, en ajoutant le temps nécessaire pour la transmission de cet avis, et ce temps devra être mentionné sur l'avis.

La partie de la troisième section, de l'acte du Congrès approuvé le 4 juillet 1836, qui autorise l'annexion aux lettres patentes de la description et de la spécification des perfectionnements additionnels est révoquée par le présent, et il faudra désormais demander des patentes distinctes pour tous les cas où il suffisait auparavant de prendre une addition pour des perfectionnements.

Section X. Toutes les lois actuellement en vigueur fixant les taxes à payer au bureau des patentes et distinguant entre les habitants des Etats-Unis et ceux des autres pays, sont abrogées par les présentes, et les taxes suivantes leur sont substituées et sont établies savoir :

Pour le dépôt de chaque caveat, dix dollars ;

Pour le dépôt de chaque demande de patente originale (sauf pour un dessin), quinze dollars ;

Pour l'accord de chaque patente originale, vingt dollars ;

Pour chaque appel depuis l'examinateur en chef jusqu'au commissaire, vingt dollars ;

Pour chaque demande destinée à rectifier et rendre valide une patente défectueuse, trente dollars.

Pour chaque demande pour la prolongation d'une patente, cinquante dollars, et cinquante dollars en addition à l'accord de cette extension ;

Pour le dépôt de chaque disclaimer ou restriction de la patente, dix dollars ;

Pour les copies certifiées des patentes et autres documents, dix cents par cent mots ;

Pour l'enregistrement de chaque assignation, traité, convention, pouvoir d'agent ou d'attorney et autres pièces de trois cents mots ou au-dessous, un dollar ;

Pour l'enregistrement de chaque assignation et autres pièces au-dessus de trois cents mots et au-dessous d'un millier de mots, deux dollars ;

Pour l'enregistrement de chaque assignation ou autre écrit, s'il est au-dessus de mille mots, trois dollars ;

Pour les copies de dessins, le prix raisonnable pour les faire.

SECTION XI. Tout citoyen ou étranger ayant résidé un an dans les États-Unis et prêtant serment de son intention de devenir citoyen, qui, par son industrie, son génie, ses efforts et ses dépenses, aura inventé ou produit quelque dessin nouveau et original pour l'industrie, soit en métal ou autre matière, ou bien un dessin de buste, statue, bas-relief ou composition en bas ou haut relief, ou bien encore toute impression ou ornement nouveau et original pouvant s'employer pour quelque article d'industrie que ce soit en marbre ou autre matière ; ou bien également tout modèle, impression ou peinture propre à être fixé dedans ou dessus, imprimé ou peint ou bien fondu ou autrement obtenu sur tout article, ou bien enfin toute forme ou configuration nouvelle d'article industriel non connue ou employée par les autres avant son invention, sa production et avant le moment de sa demande de patente pour cet objet, pourra, lorsqu'il le désirera, obtenir le droit ou la propriété exclusive de les faire, employer et vendre, ou d'en vendre les copies aux autres pour qu'ils soient par eux faits, employés et vendus ; il lui suffira pour cela de faire une demande en écrivant au commissaire des patentes l'expression de son désir.

Le commissaire des patentes pourra, sur demande régulière, accorder une patente pour cela (comme dans le cas actuel d'une demande pour brevet) pour une durée de trois ans et demi ou de sept années ou de quinze ans au gré du demandeur, à la condition que le prix payé pour cétte demande sera de dix dollars pour trois ans et demi, de quinze dollars pour sept ans et de trente dollars pour quinze ans.

Les patentés pour dessins sous cette loi auront droit à la prolongaion de leur patentes respectives pour le terme de sept ans à partir du jour auquel lesdites patentes expireront, dans les mêmes termes et sous les mêmes restrictions qui sont actuellement exigés pour la prolongation des lettres patentes.

SECTION XII. Toutes demandes de patentes devront être complétées et préparées à l'examen pendant les deux années qui suivront le dépôt de la demande, et, à defaut de cela, elles seront considérées comme abandonnées par les parties, à moins qu'il ne soit constaté, à la satisfaction complète du commissaire que ce délai était inévitable;

Toutes les demandes actuellement pendantes seront considérées comme présentées après le passage de la présente loi et toutes les demandes de prolongation de patente seront faites quatre-vingt-dix jours au moins avant leur expiration, et l'avis du jour choisi pour entendre la discussion sera publié, comme il est actuellement exigé par la loi, pendant soixante jours au moins.

SECTION XIII. Dans tous les cas où un article est fabriqué ou vendu par une personne sous la protection de lettres patentes, ce sera le devoir de cette personne de donner un avis suffisant au public que ledit article est patenté, soit en y fixant le mot *patenté*, ainsi que le jour et l'année où la patente a été accordée; ou bien lorsque par suite du caractère de l'article patenté cette disposition sera impossible, en enveloppant un ou plusieurs de ces objets et fixant une étiquette sur le paquet, ou bien autrement en y attachant une étiquette sur laquelle seront imprimés l'avis et la date.

Si ces mesures sont négligées, dans toute poursuite pour infraction des lettres patentes par la partie omettant ainsi de marquer l'article, aucun dommage-intérêt ne pourra être perçu par le plaignant, sauf sur la preuve que le défendeur aura été dûment averti de l'infraction commise et aura continué après cet avis de fabriquer ou vendre l'article breveté.

La sixième section de l'acte additionnel approuvé le 29 août 1842 est abrogée par le présent.

Section XIV. Le commissaire des patentes est autorisé à imprimer ou, à sa volonté, à forcer d'imprimer dix copies de la description et des claims ou revendications de toutes les patentes qui pourront désormais être accordées et dix copies des dessins, lorsque ces dessins accompagneront la patente, pourvu que le coût de l'impression du texte desdites descriptions et revendications n'excède pas (sans compter le papier) la somme de deux cents par cent mots pour chacune desdites copies et que le coût des dessins n'excède pas cinquante cents par copie.

Une des dix copies ci-dessus sera imprimée sur parchemin pour être jointe aux lettres patentes, le travail sera fait sous la direction et soumis à l'approbation du commissaire des patentes et la dépense desdites copies sera payée en dehors des fonds de la patente.

Section XV. Les copies imprimées des lettres patentes, des États-Unis ayant reçu le sceau du bureau des patentes et signées par le commissaire des patentes auront la valeur légale du contenu desdites lettres patentes dans tous les cas.

Section XVI. Toutes patentes désormais accordées auront valeur pour le terme de dix-sept années à partir de la date de l'accord et toute prolongation de ces patentes est en conséquence défendue.

Section XVII. Tous les actes et toutes les parties d'actes ci-avant décrétés qui seront en désaccord avec les présentes dispositions abrogés par le présent acte.

2234 — PARIS. IMPRIMERIE DE ÉDOUARD BLOT, RUE SAINT-LOUIS, 46.

2234. — PARIS. IMPRIMERIE DE ÉDOUARD BLOT, RUE SAINT-LOUIS, 46.

www.ingramcontent.com/pod-product-compliance
Lightning Source LLC
Chambersburg PA
CBHW061618060726
47597CB00005B/1700